LA PAIX

PAR

ÉMILE DE GIRARDIN.

« L'Europe se perdra par les gens de guerre. »

MONTESQUIEU.

« C'est la faiblesse qui appelle la guerre; une résistance générale serait la paix universelle. »

MIRABEAU.

« Les guerres injustes naissent du défaut d'une garantie commune et en prouvent la nécessité. »

F. ANCILLON.

DEUXIÈME ÉDITION.

PARIS.

LIBRAIRIE NOUVELLE,

BOULEVARD DES ITALIENS, 15, EN FACE LA MAISON DORÉE.

1855.

BIBLIOTHÈQUE IMPÉRIALE

TIMBRE IMPÉRIAL SEINE

PRÉFACE.

15 mars 1855.

L'hiver a fait place au printemps; l'empereur Nicolas a fait place à son fils Alexandre; le moment est venu de rompre le silence; le moment est venu de répondre aux sommations de l'auteur anonyme de la brochure qui a paru sous ce titre :

LE JOURNALISME ACTUEL ET LA LETTRE A L'EMPEREUR.

L'auteur anonyme s'adresse en ces termes à la presse française :

« La presse, comme institution, n'a jamais été qu'un moyen de gouvernement, et elle n'a pu se relever de ce défaut originel : organe, tour à tour, de tel parti ou de tel individu, qui désirait arriver ou rester

IV

au pouvoir, son rôle se bornait toujours aux questions personnelles, aux intrigues électorales et parlementaires; son action consistait à attaquer les majorités ou à les défendre, à encourager ou flétrir les minorités, à faire rejeter ou adopter tel ou tel projet de loi, contraire ou conforme à ses intérêts. Était-ce une situation normale et régulière? Cette situation a inspiré, il est vrai, de brillantes pages, des aperçus pleins d'habileté relative, de verve et de finesse, mais elle a restreint le cercle de la discussion, elle a forcé les plus belles intelligences, les plus incontestables talents, à se renfermer dans des questions étroites de détails, d'intérêt local, d'influences personnelles et passagères.

» La loi nouvelle qui régit la presse l'a replacée sur sa véritable base. Mais les modifications qu'elle a subies ont frappé l'esprit routinier qui présidait à ses évolutions d'une stupeur tellement profonde, qu'elle n'a pu jusqu'à présent reprendre son équilibre, et qu'elle en est encore à rechercher le terrain sur lequel elle puisse se mouvoir à son aise. Du jour où son action offensive se vit paralysée, la presse s'est trouvée sans boussole et sans inspiration, flottant au hasard, cherchant son mot d'ordre dans les journaux étrangers, et négligeant, moitié par indifférence, moitié par timidité, la large part qui lui est toujours réservée dans la marche des choses humaines, en dehors de l'action officielle. Il y a là une grave erreur et une tendance déplorable. En effet, qu'a de commun la presse avec le gouvernement du pays? Toute usurpation qu'elle fait dans ce sens conduit directement, à travers la confusion dans les esprits, au désordre dans les choses. Le rôle de la presse est d'éclairer l'opinion, de combattre les préjugés, d'adhérer par la discussion à tout ce qui touche au progrès moral, matériel et intellectuel de l'homme et de la société en général, et d'éviter tout ce qui peut entraver la marche naturelle des choses. Tout ce qui est donc du ressort administratif, gouvernemental, ne lui appartient d'aucun droit; tout ce qui est en dehors constitue son domaine. C'est juste et logique, et certes c'est suffisant; mais, grâce à d'anciennes habitudes, ce rôle ne lui convient pas : entre les deux termes extrêmes du journalisme, l'abus et l'abandon de toute influence, elle n'a pas su trouver le milieu qui lui est propre, et au lieu de se saisir, avec vigueur et courage, de tous les sujets qui y abondent, elle a préféré, comme Achille, se retirer sous sa tente, au risque de se condamner à une *inaction inféconde*, qui pèsera sur ses destinées.

» Les divers organes de la presse française n'ont jamais songé qu'à étendre leur influence personnelle, et leur rôle pour y parvenir a été de détruire tout ce qui faisait obstacle à leur ambition.

» Habile à détruire, mais non à conserver, le journalisme n'a jamais rien créé, et son instinct d'opposition contre les hommes, et d'indifférence pour les choses, l'a rendu peu sympathique aux questions nationales, qu'il n'a jamais voulu et su approfondir. Et pourtant, pour procéder avec ordre, dans cette marche progressive que suit l'humanité, il faut que les rapports politiques des hommes soient réglés sur une base rationnelle et équitable, avant d'aborder avec succès ces réformes sociales dont on s'occupe tant, et qui ne peuvent s'opérer partiellement : il faut, à côté des *droits de l'homme*, reconnaître les *droits des nations*, car c'est à l'application rigoureuse de ces droits que se borne la tâche imposée aux temps modernes. Or, pour reconnaître et appliquer ces droits, il faut les étudier et les comprendre, et il ne suffira plus bientôt, du train dont marchent les choses, d'opposer un silence dédaigneux, ou une ironie de mauvais aloi, à des arguments puisés dans l'histoire et dans la nécessité de la situation.

» On s'est plaint des entraves opposées à la liberté de la presse; mais quelles sont donc ces libertés qu'on regrette si amèrement? Est-ce la liberté des attaques personnelles, de la calomnie, de l'injustice, de l'exagération, des jugements téméraires, des opinions de circonstance et de fantaisie? Vous n'avez plus, il est vrai, le droit ni les moyens d'attaquer un gouvernement appuyé sur une base inattaquable; il vous est impossible de faire de votre journal une machine de guerre, contre une individualité qui vous gêne ou vous déplaît; vous n'avez plus l'espoir de faire adopter ou rejeter telle question administrative ou fiscale qui rentre dans votre programme ou y est opposée; mais vous avez le droit d'étendre et d'agrandir votre point de vue, d'élargir votre horizon; pourquoi n'en usez-vous pas? Vous avez la liberté d'élever vos idées, de faire sortir vos discussions hors des barrières de Paris; pourquoi ne le faites-vous pas? Vous semblez dédaigner toutes ces libertés, comme si elles ne valaient pas toutes celles que vous avez perdues. »

Je réponds :

Anonyme, qui êtes-vous pour tenir ce langage?

Lorsqu'on parle ainsi, on dit son nom.

Vous affirmez que les écrivains de la presse périodique ont « la liberté d'élever leurs idées, » de faire sortir leurs discussions hors des bar- » rières de Paris. » Qu'en savez-vous? Êtes-vous l'un d'eux? Est-ce que j'ai eu la liberté d'ache- ver la série d'articles qu'en août 1854, au len- demain de la révolution d'Espagne, j'avais commencée sous ce titre : L'ORNIÈRE DES RÉVO- LUTIONS? Est-ce que je n'ai pas été officieuse- ment averti d'avoir à l'interrompre? Est-ce que je n'ai pas été officiellement averti pour avoir donné place, le 22 mars 1854, à la lettre de l'ancien président de la république de Venise, l'illustre Manin? Est-ce qu'enfin j'ai pu dire toute ma pensée sur la guerre dont la Crimée a fini par être le champ de bataille?

Est-ce que l'écrivain au-dessus de la plume duquel est constamment suspendue la menace de suppression de son journal, pain quotidien de plus de cinq cents travailleurs, propriété indivise de veuves et de mineurs, a l'entière liberté de dire ce qu'il croit être la vérité, s'arrêtât-il à la limite qu'il vous plaît de tracer? S'il avait cette liberté, il ferait des articles et ne ferait pas de brochures, car le nombre des lecteurs de celles-ci est toujours très restreint, relativement au nombre des lecteurs de ceux-là. Pourquoi fait-il des brochures et ne fait-il pas d'articles? C'est que pour une brochure saisie la responsabilité est individuelle, tandis que pour un journal suspendu ou supprimé, la responsabilité est collective; elle dégénère en solidarité et retombe injustement sur qui n'a rien fait pour l'encourir.

Auteur anonyme, vous continuez et vous dites :

« Quand on veut mériter le nom de publiciste, il faut tâcher de voir clair dans une situation ; or, comment y arriver si on ne pose hardiment les questions, si on ne les discute au grand jour ? On se doit des ménagements de gouvernement à gouvernement, de souverain à souverain ; mais d'homme à homme, de peuple à peuple, on se doit la vérité avec toutes ses déductions philosophiques, car c'est ainsi que se forme l'opinion publique, qu'une idée qui a germé trouve son point d'appui et son développement. Le rôle d'un homme pensant n'est pas d'éteindre une idée ou de la dénaturer, mais de l'approfondir et de l'éclairer ; là doivent se borner nos efforts : aller plus loin, c'est empiéter sur l'action gouvernementale, qui doit rester aussi libre que la pensée. »

Lorsque vous déclarez que l'action gouvernementale doit rester aussi libre que la pensée, je suis sur ce point pleinement de votre avis, car de même que je ne comprends pas la presse sans l'entière liberté d'écrire, je ne comprends pas le gouvernement sans l'entière liberté d'agir, mais simultanément et concurremment.

Est-ce qu'en Angleterre la liberté d'agir est moins grande qu'en France, parce que la liberté d'écrire y est plus étendue ?

S'il arrive parfois que l'action gouvernementale y soit gênée, ce n'est point parce qu'elle y est contenue par la presse périodique, c'est parce qu'elle y est divisée. Toute complication est une

perte de force utile ; or, le régime parlemen-
taire, qui repose sur la division du pouvoir en
pouvoir législatif et en pouvoir exécutif, est
une complication ; conséquemment elle dispa-
raîtra.

Liberté pour tous ! Liberté pour ceux qui
gouvernent, comme liberté pour ceux qui écri-
vent ! Indépendance réciproque et séparation
absolue de la puissance nationale et de la puissance individuelle !

Assez de fois, j'ai exposé et développé cette
formule, la seule qui dénoue tous les nœuds,
la seule qui dissipe toutes les fictions, pour
n'avoir rien à craindre de la grave responsabilité dont vous menacez, en ces termes, les
publicistes qui ne se font pas les échos de votre
voix :

« Il pèsera une grave responsabilité sur ceux qui,
ayant au moyen de la presse un puissant levier entre
leurs mains, se taisent dans une question qui touche
de si près à l'intérêt commun de l'Europe civilisée. N'y
a-t-il donc rien à faire dans les circonstances actuel-
les ? Ne serait-ce pas à la hauteur d'un publiciste

d'approfondir une situation qui n'a guère de précédent dans l'histoire, de se mettre à la recherche de cette synthèse politique qui doit réhabiliter le passé sans froisser les susceptibilités présentes, sans léser les intérêts existants? Mais la presse française n'est guère à la hauteur de ces conceptions ; renfermée dans ses vues mesquines et étroites, dans ses petites passions de partis, dans ses liquidations de quinzaine, elle ne veut pas franchir les limites qu'elle s'est tracées, et ne sait opposer à toutes les idées qui viennent la déranger dans ses habitudes que le silence ou le banal argument d'inopportunité. Triste symptôme de décadence et d'annihilation, de vieillesse et de décrépitude !

Vous qui avez le verbe si haut, êtes-vous bien sûr que vos conceptions soient à la hauteur de vos paroles ?

Serait-il donc vrai qu'il n'y eût en Europe, dans le présent, qu'une grande question : celle qui consisterait à abattre la Russie en relevant la Pologne ?

Tel n'est pas mon avis :

La Russie déchue, mais unie, ne tarderait pas à se relever.

La Pologne relevée, mais divisée, ne tarderait pas à déchoir.

XII

Votre politique, celle de l'auteur de la
Lettre a l'Empereur sur la question d'Orient,
n'est que la continuation de la politique étroite
du faux équilibre et du vieil antagonisme ; je
comprends autrement la politique de mon
siècle.

Et je vais l'exposer telle que je la comprends.

LA PAIX.

« L'Europe se perdra par les gens
de guerre. »
   MONTESQUIEU.

« C'est la faiblesse qui appelle la
guerre ; une résistance générale serait
la paix universelle. »
   MIRABEAU.

« Les guerres injustes naissent du
défaut d'une garantie commune, et en
prouvent la nécessité. »
   F. ANCILLON.

Comment clore cette guerre, qui a déjà moissonné des deux parts tant d'hommes, englouti tant de millions, aggravé tant de misères, pour n'aboutir qu'à l'immobilité, depuis six mois, devant Sébastopol, et qu'à la victoire indécise entre deux destructions : — celle de Sinope, dans la mer Noire, et celle de Bomarsund, dans la mer Baltique ? Telle est la question qui tient en suspens tous les esprits, tous les peuples, tous les cabinets, tous les journaux.

L'Angleterre et la France, qui ont hautement déclaré l'existence de la domination russe dans la mer Noire incompatible avec la conservation de l'équilibre et la stabilité de la paix en Europe, peuvent-elles atteindre au but qu'elles poursuivent avant de s'être emparées de Sébastopol et de l'avoir détruit ?

Après cette victoire, si l'Angleterre et la France finissent par la remporter, la Russie inaugurera-t-elle un nouveau règne en s'avouant vaincue ?

Cet aveu, si le nouvel empereur consentait à le faire, serait-il une garantie qui dût être considérée comme suffisante, et n'y aurait-il point à craindre que la Russie vindicative ne saisît la première occasion propice qui s'offrirait à elle de relever les murs de Sébastopol, pendant que l'Angleterre et la France seraient appelées à porter ailleurs qu'en Crimée leur vigilance et leurs forces ? Est-ce que la Russie ne conservera pas toujours cet avantage inhérent à son territoire, de n'avoir qu'à étendre la main pour la baigner dans la mer Noire, depuis Odessa jusqu'à Batoum, comme la France n'aurait qu'à lever le bras pour projeter son ombre sur le Rhin ? Si l'Angleterre et la France démolissent Sébastopol, comment empêcheront-elles la Russie de le reconstruire, après leur départ de Crimée ; et, si elles ne le démolissent pas, y laisseront-elles une garnison impliquant l'accord perpétuel de l'Angleterre et de la France et nécessitant la constante présence d'une escadre combinée qui l'approvisionne et la protége ? Si on laisse subsister Sébastopol et qu'on se contente, sur l'autre rive de la mer Noire, de fortifier Sinope, quel ensemble de mesures prendra-t-on pour niveler, autrement que d'une façon toute passagère, l'inégalité des forces entre la Russie, convoitant sa proie, et la Turquie, trop faible pour se défendre par elle seule et cependant ne pouvant pas garder éternellement, dans ses eaux et sur ses côtes, les flottes et les armées de l'Angleterre et de la France ?

L'unique moyen de clore une guerre impuissante serait-il donc en effet, la poussant à outrance, de la reporter sur la Vistule et d'attaquer la Russie par le seul côté qui paraisse vulnérable, en soulevant, armant et reconstituant contre elle la Pologne ?

C'est ce que propose l'auteur de la fameuse LETTRE A L'EMPEREUR SUR LA QUESTION D'ORIENT,

2

c'est ce que demande également l'auteur du remarquable écrit intitulé : NI PAIX NI SÉCURITÉ POUR L'EUROPE AVEC LA RUSSIE TELLE QU'ELLE EST.

Mais la logique ne se scinde pas, et le vrai ne l'est point à demi.

Impossible, d'abord, de rendre à la Pologne sa nationalité sans rendre à l'Italie son indépendance ; et comment rendre à l'Italie son indépendance sans le consentement et avec l'alliance de l'Autriche ? Puis, quelle Pologne ? Sera-ce la Pologne de 1772 avec sa royauté élective ? Sera-ce la Pologne de 1793 avec sa monarchie héréditaire ? Sera-ce la Pologne de 1807, érigée en duché de Varsovie, sous la souveraineté du roi de Saxe, ou enfin la Pologne de 1815 avec son vice-roi, nommé par l'empereur de Russie ?

Le moyen qu'on indique n'est donc ni aussi simple ni aussi infaillible qu'on se plaît à le dire, et peut-être à le penser, dans l'entraînement et l'aveuglement d'une sympathie étroitement exclusive.

De toutes les guerres commencées au nom de la liberté, je n'en connais aucune qui ait fini par l'assurer ; je m'en défie donc et je ne le fais pas. Toujours cette opinion fut la mienne, et jamais je ne l'ai cachée. Je ne crois à la liberté que par la paix, non la *paix armée*, non la paix intermittente et stérile, mais la *paix assurée*, la paix permanente et féconde. Le remaniement de la carte d'Europe, à la pointe de la baïonnette et du sabre est une chimère caduque. Pourquoi vouloir ainsi remanier violemment par la puissance de la poudre la carte de l'Europe, lorsqu'elle se transforme naturellement par la puissance de la vapeur, lorsque toutes les limites territoriales s'effacent d'elles-mêmes pour livrer passage aux rails des chemins de fer et aux fils des télégraphes électriques ? Il est plus facile de donner indistinctement la liberté à tous les hommes, — Polonais et Russes, Autrichiens et Italiens, Roumains et Turcs, — que de rendre l'indépendance à des peuples qui se sont laissé conquérir ou asservir. Si je pouvais comprendre la guerre, comme moyen de civilisation, je ne comprendrais, en tous cas, que la grande guerre avec un but, si clairement marqué que tous les peuples pussent parfaitement s'en rendre compte ; mais, même à la grande guerre, laquelle exigerait un grand capitaine, je préfère, sans hésiter, la grande paix, laquelle n'a besoin que d'un homme de bon sens. Seulement, il faut opter entre la grande guerre ou la grande paix ; ce n'est que par cette option qu'on sortira de l'impasse dans laquelle Autriche, Prusse, Suède, Confédération germanique, hésitent à entrer à la suite de l'Angleterre et de la France.

Au début de la guerre, après le passage du Pruth par l'armée russe, je résumais en ces termes la solution que je proposais :

« Élever la question d'Orient, pour la simpli-» fier ; la simplifier, pour la résoudre. »

Ce que je disais en octobre 1853, je le répète en mars 1855.

Effectivement, ce ne sera qu'en élevant la question qu'on la simplifiera, et ce n'est qu'en la simplifiant qu'on la dégagera des susceptibilités personnelles, qui, plus encore que les rivalités nationales, l'enveniment et la rendent insoluble.

Il y a, pour un souverain nouveau, un langage nouveau à parler à la vieille Europe : ce n'est point le langage de la révolution, c'est le langage de la civilisation. Il y a un autre équilibre à établir que l'équilibre européen, c'est l'équilibre humain, c'est l'équilibre entre le travail et le salaire, entre le salaire et le profit, entre la production et la consommation (1). Il y a une autre politique à suivre que la politique de l'agrandissement du territoire par la rivalité, la guerre, la conquête, la domination, c'est la politique de l'agrandissement de l'homme par la réciprocité, la paix, le progrès, la circulation. Le premier acte et le premier gage de cette politique, telle que je la comprends, serait la déclaration des droits de la Mer. Égalité devant elle de toutes les nations, petites ou grandes, arriérées ou avancées! Destruction simultanée et volontaire de toutes les fortifications, quelles qu'elles soient, qui, sous le prétexte de protéger soit un point faible, soit un intérêt territorial, menacent la liberté maritime! Conséquemment, destruction de Sébastopol, qui domine la mer

(1) « Aujourd'hui, la rétribution du travail est abandonnée au hasard ou à la violence... La pauvreté ne sera plus séditieuse lorsque l'opulence ne sera plus oppressive; les oppositions disparaîtront, et les prétentions surannées qu'on attribue, à tort ou à raison, à quelques hommes s'évanouiront comme les *folles brises* qui rident la surface des eaux sous l'équateur, et s'évanouissent en présence du *vent réel* qui vient enfler les voiles et faire marcher le navire. »   (OEUVRES DE L.-N. BONAPARTE, t. 2, p. 29

Noire, mais aussi, et en même temps, destruction des quatre villes fortifiées qui ferment l'entrée et la sortie du détroit des Dardanelles ; destruction de tous les ouvrages construits à Gibraltar, qui humilient la Méditerranée ; abolition du
péage du Sund, qui rançonne la Baltique ; enfin,
neutralisation de tous les détroits, affranchissement des embouchures de tous les fleuves et percement à frais communs de tous les isthmes ayant
pour but et pour effet de faciliter et d'abréger la
navigation. Si l'Angleterre exige et a raison d'exi-
ger le désarmement de Sébastopol, qu'elle soit
logique : qu'elle donne l'exemple en désarmant Gibraltar ! Alors, la susceptibilité mosco-
vite serait sauve et pleinement dégagée ; la
lutte changerait de nature et de terrain ; ce ne
serait plus une lutte contre la barbarie par les
armes de la barbarie ; mais une lutte contre la
barbarie par les moyens de la civilisation ; il
n'y aurait plus ni vainqueurs ni vaincus, il n'y
aurait plus que des émules ; nul n'y perdrait,
tous y gagneraient ; ce serait l'inauguration
d'une ère nouvelle. C'est aux plus avancés dans
les voies de la civilisation à donner l'exemple ;
logiquement les moins avancés ne sont tenus

que de le suivre. Que l'Angleterre le donne
donc ! Est-il une bonne raison qu'elle puisse
alléguer pour s'en dispenser ?

L'Autriche et la France, sans le concours
desquelles il est pleinement démontré que l'Angleterre ne peut rien contre la Russie, n'ont
qu'à le vouloir fermement pour obtenir de la
Russie et de l'Angleterre le sacrifice réciproque
et simultané de Sébastopol et de Gibraltar, sacrifice complété et systématisé par la neutralisation des autres détroits. Ainsi, par la liberté
des mers, que réclament tous les progrès de la
navigation et de l'industrie, tous les besoins de
la consommation et du travail, se dénoueraient
tous les nœuds d'une question que le sabre a
été, jusqu'à ce jour, impuissant à trancher. La
liberté des mers est la liberté initiale des peuples. Une fois que les gouvernements seront
entrés dans cette voie neuve de la paix par la
paix, qui est à la paix par la guerre ce que le
rail est à l'ornière, des obstacles qui passent
pour insurmontables s'aplaniront d'eux-mêmes.
Si l'Italien n'a ni moins de garanties, ni moins
de droits que l'Autrichien ; si le Polonais n'a
ni moins de droits, ni moins de garanties que

le Russe ; s'il n'y a plus nulle part d'inégalité entre les vaincus et les vainqueurs ; s'il n'y a plus partout que des producteurs et des consommateurs, quel sens appréciable conserveront, je le demande, ces mots : *Indépendance italienne*, *Nationalité polonaise ?* Les nationalités s'expliquent et se comprennent lorsque les garanties sont différentes ; les nationalités ne s'expliquent et ne se comprennent plus lorsque les garanties sont les mêmes. Or, qui empêche que partout elles ne soient les mêmes, sinon simultanément, du moins successivement ? Avec le système constitutionnel, lequel exige des assemblées, où tout se débat et aboutit à des questions qui se décident par des votes entre majorité et minorité, cela pouvait être une difficulté invincible ; mais cela cesse d'en être une avec le régime rationnel, lequel n'a besoin que de journaux, où la vérité suffit à faire justice de l'erreur, où la liberté des gouvernements, existant au même titre que la liberté des individus, n'est ni moins pleine ni moins légitime. Est-ce que le monde scientifique se divise en nationalités ennemies ? Non ; le monde scientifique n'a pas de limites intérieures qui le morcellent ; dans son vaste empire, tout progrès qui profite à l'un profite à tous. La vapeur ne transporte pas l'Italien moins vite que l'Autrichien, ou le Polonais plus lentement que le Russe. La clarté de la science est comme la clarté du soleil : elle luit indistinctement pour tous, hormis pour les aveugles. Pourquoi donc le monde politique aurait-il d'autres lois et se gouvernerait-il autrement que le monde scientifique ?

La politique porterait-elle donc si bas le sentiment de sa valeur et de sa dignité, qu'elle se démît de toute prétention d'être une science, ou, pour parler plus exactement, d'être à la science ce que le lien est à la gerbe ?

Dira-t-on qu'une telle politique n'est qu'une politique de rêveur ?

Mais cette politique n'est pas la mienne ; c'est celle de l'empereur Napoléon à Sainte-Hélène, après être tombé du trône ; c'est celle du prince Louis Napoléon à Carlton-Terrace, avant de monter sur le trône (1).

La politique, telle que je la prosaïse, diffère de la politique telle que la poétisaient l'empe-

(1) Voir l'Appendice.

reur Napoléon à Sainte-Hélène et le prince Louis-Napoléon à Carlton-Terrace, en ce qu'ils proposaient de rétablir le tribunal des amphictyons ; tandis que je réduis la guerre à un risque et que je substitue la *paix assurée* à la *paix armée*.

La *paix armée* est condamnée par les militaires eux-mêmes. Le général qui a illustré son nom par l'invention du mortier à la Paixhans, a prononcé son arrêt en ces termes :

« Si, afin d'être fort, on entretient pendant la paix assez de soldats exercés pour être en état de faire la guerre, on ruine les finances et on détruit les premiers éléments de la force (1). »

La *paix armée*, c'est la liberté menacée, c'est la révolution périodique, c'est l'impôt forcé, c'est l'emprunt stérile, c'est l'argent rare et à haut prix, c'est le paupérisme entretenu par l'aumône.

La *paix assurée*, c'est la liberté garantie, c'est la civilisation progressive, c'est l'impôt volontaire, c'est l'emprunt productif, c'est l'argent abondant et à bon marché, c'est le paupérisme détruit par le travail.

(1) *Observations sur la loi de recrutement et d'avancement de l'armée française*, par le général Paixhans.

La *paix assurée* est ce qu'il y a de plus praticable et de moins chimérique.

Il suffit, pour qu'elle prenne la place de la *paix armée*, qu'il se trouve en Europe un seul souverain qui mette aux voix cette simple question :

« Combien sommes-nous de gouvernements
» qui, considérant de quelque part qu'il
» vienne et sous quelque nom qu'il se dé-
» guise, le risque de guerre comme un reste
» de barbarie, voulons combattre le risque par
» l'assurance au moyen d'une confédération
» pacifique entretenant une armée fédérale,
» laquelle aurait pour effet de permettre à
» chaque État de réduire considérablement
» son budget de la guerre? Comptons-nous et
» vérifions si la majorité est du côté de ceux
» qui tiennent pour la barbarie contre la ci-
» vilisation, ou du côté de ceux qui tiennent
» pour la civilisation contre la barbarie. »

Toutes les fois qu'il y a place pour deux intérêts rivaux ou pour deux idées différentes, rien de plus difficile à réunir que l'unanimité; mais rien de plus facile à constater que la majorité pour ou contre, puisqu'il suffit de se compter,

Quelle solution plus simple que la question ainsi réduite à une question de majorité et de minorité hautement posée par un souverain, prenant à témoins tous les peuples? Si, en 1853, la question entre la barbarie ou la civilisation, entre la guerre ou la paix, eût été nettement posée par l'Angleterre et la France à l'Autriche, à la Prusse et aux divers Etats de la Confédération germanique, croit-on que ces puissances eussent donné à l'Europe le spectacle d'hésitations aussi longues et de protocoles aussi diffus? Croit-on que la Russie, qui vise au rang de haute puissance civilisatrice, eût accepté la lutte sur ce terrain? Avec les liens qui, depuis 1815, rivaient l'Autriche, la Prusse et toute l'Allemagne à la Russie, pouvait-on et devait-on raisonnablement espérer qu'on parviendrait, sans beaucoup d'efforts, à les armer contre elle?

L'habileté consistait donc à poser *indirectement* la question, afin d'éviter d'avoir à la poser *directement*. Proposer à ces gouvernements de s'armer contre la barbarie, c'était la poser indirectement ; leur proposer de s'armer contre la Russie, c'était la poser directement. Spécialiser était l'écueil, généraliser était le port.

Il fallait généraliser.

Il fallait diviser l'Europe en Europe barbare et en Europe civilisée.

Il fallait rédiger un contrat d'assurance international et convier toutes les puissances qui fléchissent sous le poids de la dépense des armées permanentes à apposer leurs signatures au-dessous des signatures de l'Angleterre et de la France. Lesquelles de ces puissances eussent refusé? En tout cas, on les eût comptées, ainsi que celles qui eussent adhéré à cet appel de l'Angleterre et de la France. Alors on eût su exactement à quoi s'en tenir.

Le grand Frédéric, roi de Prusse, aussi grand homme de guerre que grand administrateur, a écrit et proposé ce qui suit :

« Je ne vois rien d'impossible à ce que des particuliers soumettent leurs querelles à la décision des juges, de même qu'ils y soumettent les différends qui décident de leurs fortunes. Et par quelle raison les princes n'assembleraient-ils pas un congrès pour le bien de l'humanité, après en avoir fait tenir tant d'infructueux sur des sujets de moindre importance? J'en reviens là, et j'ose assurer que c'est le seul moyen d'abolir en Europe ce point d'honneur mal placé qui a coûté la vie à tant d'honnêtes gens dont la patrie pouvait s'attendre aux plus grands services (1). »

Cette idée de congrès, avant de traverser le cerveau de Frédéric II pour arriver au génie de Napoléon Ier, avait déjà visité l'esprit de Henri IV.

L'assurance internationale contre le risque de guerre a, sur l'idée de congrès, l'avantage d'être incomparablement plus simple dans l'exécution, et de n'avoir rien d'inconnu, rien d'inexpérimenté. Elle étend à toute l'Europe civilisée et pacifique le lien qui unit entre eux tous les États de la Confédération germanique; elle prend exemple sur les vingt-deux cantons souverains qui forment la Confédération helvétique; elle fait, enfin, contre le risque de guerre ce qu'on a fait contre le risque d'incendie.

Le triste spectacle que la Russie a donné à l'Europe en franchissant le Pruth et en le repassant, en occupant les Principautés danubiennes et en les évacuant, est une leçon qui a déjà coûté trop cher pour qu'on la laisse perdre, lorsqu'on peut la mettre à profit. Ja-

(1) *Des Lois de la politique.*

mais la barbarie, jamais l'impuissance de la guerre n'avaient plus manifestement apparu à tous les regards, à tous les esprits.

C'est précisément parce que les complications en sont venues à ce point qu'elles semblent inextricables, qu'il faut tenter un héroïque effort, non dans le sens de la guerre et de la barbarie, mais dans le sens de la paix et de la civilisation.

Où chacun met du sien il n'y a plus de point d'honneur engagé, il n'y a plus de susceptibilité éveillée, il n'y a plus de dignité compromise, il n'y a plus de fierté humiliée ! La force disparaît pour faire place à la raison, et l'intérêt particulier s'absorbe dans l'intérêt commun.

La France, assurément plus désintéressée que l'Angleterre et l'Autriche dans la prise de possession par la Russie des Principautés danubiennes, et du détroit des Dardanelles, a fait assez de sacrifices pour avoir acquis le droit de demander à la Grande-Bretagne de prendre, par le désarmement de Gibraltar, une initiative qui permette au nouveau czar de désarmer Sébastopol, sans qu'il ait à craindre de marquer le commencement de son règne par un acte qui pourrait être taxé de faiblesse. Dans l'ordre d'idées où je me place et où je raisonne, lequel serait le triomphe complet et définitif de Grotius, *Mare liberum*, sur Selden, *Mare clausum;* dans cet ordre d'idées où la liberté des mers, succédant à la féodalité des mers, serait universellement proclamée et efficacement assurée, que perdraient, je le demande, l'Angleterre, la Russie, la Turquie en désarmant Gibraltar, Sébastopol et les châteaux qui défendent l'entrée des Dardanelles? Elles n'y perdraient rien et elles y gagneraient d'être allégées de tout le poids d'une dépense considérable devenue inutile.

Il y a le génie de la guerre, pourquoi n'y aurait-il donc pas aussi le génie de la paix? Pourquoi la Paix, comme la Guerre, n'aurait-elle pas ses batailles décisives et sa gloire impérissable? Quelle gloire pour la Paix si elle mettait fin à la Guerre en demandant et en obtenant pour gage la libre et sûre circulation de toutes les mers?

Si la France, « *arbitre de la société européenne, plaçant les intérêts européens au-dessus des intérêts nationaux, n'aspirant qu'à la* CON-

QUÊTE MORALE *de l'Europe, et comprenant toute la portée de sa position de* NATION-SOLEIL, *au lieu de se transformer en* NATION-SATELLITE », si la France le demandait à l'Angleterre, l'Angleterre pourrait-elle le refuser à la France, et si la France l'obtenait, nul doute que la Russie, retrouvant une porte ouverte pour rentrer dans les conseils de l'Europe, d'où elle est inconsidérément sortie, ne s'empressât de venir y reprendre sa place vacante. Aucune nation ne perdrait à ce dénoûment imprévu ; tous les peuples y gagneraient, car leur bien-être s'accroît par tout ce qui tend directement ou indirectement à faciliter la navigation, à abréger les distances, à diminuer le fret et à multiplier les échanges.

Il y a trois alternatives :

Ou la paix mal faite, et conséquemment précaire ;

Ou la guerre sur la Vistule pour en finir sur la mer Noire ;

Ou le désarmement réciproque et simultané de Sébastopol et de Gibraltar, premier acte de l'affranchissement universel de toutes les mers, de tous les détroits, de tous les fleuves,

3

et du percement successif de tous les isthmes.

Qu'on choisisse entre elles !

Mais si cette dernière alternative est la seule qui puisse, honorablement pour tous, rétablir solidement la paix, si la paix est possible à de telles conditions, pourquoi donc ne la ferait-on pas?

Ce serait plus qu'une victoire remportée, ce serait un progrès accompli.

Les progrès sont les victoires de la paix.

APPENDICE.

DES IDÉES NAPOLÉONIENNES.

BUT OU TENDAIT L'EMPEREUR.
ASSOCIATION EUROPÉENNE. — LIBERTÉ EN FRANCE.

« Lorsque le sort des armes eut rendu Napoléon maître de la plus grande partie du continent, il voulut faire servir ses conquêtes à l'établissement d'une CON-FÉDÉRATION EUROPÉENNE (1).

» Prompt à saisir la tendance de la civilisation, l'Empereur, en accélérait la marche, en exécutait sur-le-champ ce qui n'était renfermé que dans les lointains décrets de la Providence. Son génie lui faisait prévoir que la rivalité qui divise les différentes nations de

(1) Il fit précéder l'acte additionnel par ces paroles remarquables :

« J'avais, dit-il en parlant du passé, pour but d'organi-
» ser un GRAND SYSTÈME FÉDÉRATIF EUROPÉEN que j'avais
» adopté comme conforme à l'esprit du siècle et favora-
» ble aux progrès de la civilisation. Pour parvenir à le
» compléter et à lui donner toute la stabilité et toute l'é-
» tendue dont il était susceptible, j'avais ajourné l'éta-
» blissement de plusieurs institutions intérieures plus
» spécialement destinées à protéger la liberté des ci-
» toyens. »

l'Europe disparaîtrait devant un intérêt général bien entendu.

» Plus le monde se perfectionne, plus les barrières qui divisent les hommes s'élargissent, plus il y a de pays que les mêmes intérêts tendent à réunir.

» Dans l'enfance des sociétés, l'état de nature existait d'homme à homme ; puis, un intérêt commun réunit un petit nombre d'individus, qui renoncèrent à quelques-uns de leurs droits naturels, afin que la société leur garantît l'entière jouissance de tous les autres. A'ors se forma la tribu ou la peuplade, association d'hommes où l'état de nature disparut et où la loi remplaça le droit du plus fort. Plus la civilisation a fait de progrès, plus cette transformation s'est opérée sur une grande échelle. On se battait d'abord de porte à porte, de colline à colline ; puis, l'esprit de conquête et l'esprit de défense ont formé des villes, des provinces, des États, et, un danger commun ayant réuni une grande partie de ces fractions territoriales, les nations se formèrent. Alors, l'intérêt national embrassant tous les intérêts locaux et provinciaux, on ne se battit plus que de peuple à peuple, et chaque peuple, à son tour, s'est promené triomphant sur le territoire de son voisin, lorsqu'il a eu un grand homme à sa tête et une grande cause derrière lui. La commune, la ville, la province, ont donc, l'une après l'autre, agrandi leur sphère sociale et reculé les limites du cercle au-delà duquel existe l'état de nature. Cette transformation s'est arrêtée à la frontière de chaque pays, et c'est encore la force, et non le droit, qui décide du sort des peuples.

» Remplacer entre les nations de l'Europe l'état de nature par l'état social, telle était donc la pensée de l'Empereur ; toutes ses combinaisons tendaient à cet immense résultat : mais, pour y arriver, il fallait amener l'Angleterre et la Russie à seconder franchement ses vues.

« Tant qu'on se battra en Europe, dit Napoléon, cela » sera une guerre civile. »

» La sainte-alliance est une idée qu'on m'a volée », c'est-à-dire la sainte-alliance des peuples et non celle des rois contre les peuples : là est l'immense différence entre son idée et la manière dont on l'a réalisée.

» Napoléon avait déplacé les souverains dans l'intérêt momentané des peuples ; en 1815, on déplaça les peuples dans l'intérêt particulier des souverains. Les hommes d'État de cette époque, ne consultant que des rancunes ou des passions, basèrent un équilibre européen sur les rivalités des grandes puissances, au lieu de l'asseoir sur des intérêts généraux ; aussi leur système s'est écroulé de toutes parts.

» La politique de l'Empereur, au contraire, consistait à fonder une association europénne solide, en faisant reposer son système sur des intérêts généraux satisfaits. Si la fortune ne l'eût pas abandonné, il aurait eu dans ses mains tous les moyens de constituer l'Europe ; il avait gardé en réserve des pays entiers dont il pourrait disposer pour atteindre son but. Hollandais, Romains, Piémontais, habitants de Brême et de Hambourg, vous qui avez été étonnés de vous trouver Français, vous rentriez dans l'atmosphère de nationalité qui convient à vos antécédents et à votre position ; et la France, en cédant les droits que la victoire lui avait donnés sur vous, agira encore dans son propre intérêt ; car son intérêt ne peut se séparer de celui des peuples civilisés. Pour cimenter l'association européenne, l'Empereur, suivant ses propres paroles, eût fait adopter un Code européen, une cour de cassation européenne, redressant pour tous les erreurs, comme la cour de cassation en France redresse les erreurs de ses tribunaux. Il eût fondé un Institut européen pour animer et coordonner toutes les associations savantes en Europe ; l'uniformité des monnaies, des poids, des mesures, l'uniformité de la législation, eussent été obtenues par sa puissante intervention.

» La dernière grande transformation eût donc été accomplie pour notre continent, et de même que dans le principe les intérêts communaux s'étaient élevés au-dessus des intérêts individuels, puis les intérêts de cité au-dessus des intérêts de communes, les intérêts de province au-dessus des intérêts de cité, enfin les intérêts de nation au-dessus des intérêts de province ; de même aussi les *intérêts européens auraient dominé les intérêts nationaux* ; et l'humanité eût été satisfaite ; car *la Providence n'a pu vouloir qu'une nation ne fût heureuse qu'aux dépens des autres, et qu'il n'y eût en Europe que des vainqueurs et des vaincus, et non des membres réconciliés d'une même et grande famille.*

» L'Europe napoléonienne fondée, l'Empire eût procédé en France aux établissements de paix. Il eût consolidé la liberté ; il n'avait qu'à détendre les fils du réseau qu'il avait formé,

» Le gouvernement de Napoléon, plus que tout autre, pouvait supporter la liberté, par cette unique raison que la liberté eût affermi son trône, tandis qu'elle renverse les trônes qui n'ont pas de base solide.

» ..... La liberté de la presse n'eût servi qu'à mettre en évidence la grandeur des conceptions de Napoléon, qu'à proclamer les bienfaits de son règne. Général, consul, empereur, ayant tout fait pour le peuple, eût-il craint qu'on lui reprochât des conquêtes qui n'avaient eu pour résultat que la prospérité et la grandeur de la France, que la paix du monde ? Non, ce n'était pas un gouvernement resplendissant des lauriers civils et militaires qui pouvait redouter le grand jour ! Plus une autorité a de force morale, moins l'emploi de la force matérielle lui est nécessaire ; plus l'opinion lui confère de pouvoir, plus elle peut se dispenser d'en faire usage. »

ŒUVRES DE L.-N. BONAPARTE, t. I, p. 316 à 326.

« L'idée napoléonienne n'est pas une idée de guerre, mais une idée sociale, industrielle, commerciale, humanitaire. »

ŒUVRES DE L.-N. BONAPARTE, t. I, p. 334.

« On parle de combats éternels, de luttes interminables, et cependant il serait facile aux souverains de consolider la paix pour toujours : qu'ils consultent les rapports et les mœurs des diverses nations entre elles, qu'ils leur donnent leur nationalité et les institutions qu'elles réclament, et ils auront trouvé la vraie balance politique. Alors tous les peuples seront frères et ils

s'embrasseront à la face de la tyrannie détrônée, de la
terre consolée et de l'humanité satisfaite. »

ŒUVRES DE L.-N. BONAPARTE, t. I, p. 81.

« France de Henri IV, de Louis XIV, de Carnot, de
Napoléon, toi qui fus toujours pour l'occident de l'Europe la source des progrès, toi qui possèdes les deux
soutiens des empires, le génie des arts pacifiques et le
génie de la guerre, n'as-tu plus de mission à remplir?
Épuiseras-tu tes forces et ton énergie à lutter sans
cesse avec tes propres enfants? Non, telle ne peut être
ta destinée; bientôt viendra le jour où, pour te gou-
verner, il faudra comprendre que ton rôle est de mettre
dans tous les traités ton épée de Brennus en faveur de
la civilisation. »

ŒUVRES DE L.-N. BONAPARTE, t. I, p. 183.

« Un gouvernement peut souvent violer impuné-
ment la légalité et même la liberté, mais s'il ne se met
pas franchement à la tête des grands intérêts de la
civilisation, il n'a qu'une durée éphémère, et cette
simple raison philosophique qui est la cause de sa
mort, est appelée *fatalité* lorsqu'on ne veut pas s'en
rendre compte.

» Attribuer à des événements secondaires la chute
des empires, c'est prendre pour la cause du péril ce
qui n'a servi qu'à la déclarer. »

ŒUVRES DE L.-N. BONAPARTE, t. II, p. 12.

« La polémique s'est appliquée depuis douze ans à
faire valoir tour à tour l'avantage de l'alliance anglaise
ou de l'alliance russe, comme s'il fallait absolument que

la France se liât intimement avec l'une de ces deux
grandes puissances. A entendre ces deux uniques thè-
ses retentir dans le monde politique, il semblerait que
la France ait besoin d'une autre force que la sienne
propre pour se faire respecter, d'une autre voix que la
sienne pour être écoutée dans le congrès des rois. Nous
ne prétendons pas qu'il faille rester dans l'isolement et
n'avoir de relations franches et amicales avec personne,
mais nous croyons qu'une alliance doit être le résultat
de longs rapports bienveillants entre les nations, et
non le fruit d'un entraînement soudain. Voici les paroles de l'empereur Napoléon :

« La France est, par sa situation géographique, la
» richesse de son sol et l'énergie intelligente de ses
» habitants, *l'arbitre de la société européenne ;* elle sort
» du rôle que la nature lui assigne lorsqu'elle devient
» conquérante ; elle en descend lorsqu'elle obéit aux
» obligations d'une alliance quelconque. Elle est aux
» nations de l'Europe ce qu'est le lion aux êtres qui
» l'entourent. Elle ne peut se mouvoir sans être pro-
» tectrice ou destructive ; elle prête l'appui de sa force,
» mais elle ne l'échange jamais, dans son propre inté-
» rêt, contre un secours qui lui soit nécessaire pour sa
» défense. Sa propre force lui suffit toujours, lors même
» qu'elle se trouve momentanément affaiblie par la
» maladie des nations, les divisions intestines ; car il
» ne lui faut qu'un effort convulsif pour punir les en-
» nemis d'avoir osé l'appeler au combat.

» En 1793, toute l'Europe était coalisée contre la
» France. Cent mille Vendéens, soudoyés par l'Angle-
» terre, menaçaient Paris ; un million trois cent mille

» Français se firent soldats par amour pour la patrie,
» et non pas, comme on a pu se le dire, pour fuir la
» hache des licteurs d'un Robespierre ou d'un Cou-
» thon. La coalition fut vaincue, condamnée à recon-
» naître la République.

» Ce que la France fit alors, elle pouvait le faire en
» 1814 et 1815 ; son épuisement comparatif était plus
» que compensé par les avantages de son union, de son
» obéissance à un seul ordre ; ni l'occupation de Paris,
» ni la bataille de Waterloo, ne la condamnaient à
» passer sous les fourches caudines. Le général Bona-
» parte l'aurait sauvée, l'Empereur la perdit en abdi-
» quant.

» Quand on a l honneur et le bonheur, tout à la fois,
» d'être la France, il faut comprendre toute la portée
» de cette position de faveur et de *nation-soleil* que l'on
» est, ne point se transformer en *nation-satellite*.

» L'Angleterre, toute-puissante qu'elle est, ne peut
» intervenir seule dans les affaires du continent avec
» toute l'importance du premier rôle ; il lui faut, de
» toute nécessité, s'appuyer sur Vienne, Paris ou
» Saint-Pétersbourg. »

ŒUVRES DE L.-N. BONAPARTE. T. III, p. 41.

« Asseoir la paix, ce n'est pas maintenir pendant
quelques années une tranquillité factice, c'est travail-
ler à faire disparaître des haines entre nations en fa-
vorisant les intérêts, les tendances de chaque peuple ;
c'est créer un équilibre équitable parmi les grandes
puissances ; c'est, en un mot, suivre la politique de
Henri IV, et non la marche désastreuse des Stuarts et
de Louis XV,

» Ouvrez les mémoires de Sully, et voyez quelles
étaient les grandes pensées de l'homme qui avait paci-
fié la France et fondé la liberté religieuse. Pour établir solidement l'équilibre européen, Henri IV prévoyait qu'il fallait que toutes les nations fussent égales
en puissance et qu'aucune ne dominât les autres par
sa prépondérance ; il prévoyait que, pour les peuples
comme pour les individus, l'égalité seule est la source
de toute justice. Henri IV avait amené la plus grande
partie de l'Europe à le seconder dans ses vues humani-
taires, et, lorsque le fer d'un lâche assassin vint trancher des jours si précieux, il rassemblait une *immense
armée, composée de contingents européens, se propo-
sant pour but, non une conquête stérile, mais la paix
universelle.* Il allait forcer l'Espagne à reconnaître l'é-
galité et l'indépendance des nations, et il eût établi
une espèce d'aréopage destiné à vider, par la raison et
non par la force brutale, les querelles de peuple à
peuple. »

ŒUVRES DE L.-N. BONAPARTE. T. III, p. 117.

EXTRAITS TEXTUELS

DU

MÉMORIAL DE SAINTE-HÉLÈNE.

« L'Europe ne formera bientôt plus que deux partis ennemis : ON NE S'Y DIVISERA PLUS PAR PEUPLES ET PAR TERRITOIRES, MAIS PAR COULEUR ET PAR OPINION. Et qui peut dire les crises, la durée, les détails de tant d'orages ! Car l'issue n'en saurait être douteuse, les lumières et le siècle ne rétrograderont pas ! Quel malheur que ma chute ! J'avais renfermé l'outre des vents, les baïonnettes ennemies l'ont déchirée. Je pouvais marcher paisiblement à la *régénération universelle* : elle ne s'exécutera désormais qu'au travers des tempêtes ! J'ama'gamais, peut-être extirpera-t-on ! »

Sainte-Hélène, 13 avril 1816.

« Dans cette immense lutte du présent contre le passé, je suis l'arbitre et le *médiateur naturel* : j'avais aspiré à en être le juge suprême; toute mon administration au dedans, toute ma diplomatie au dehors, roulaient vers ce grand but. L'issue eût été plus facile et plus prompte, mais le destin en a ordonné autrement. Enfin, la dernière chance, et ce pourrait être la plus probable, ce serait le besoin qu'on aurait de moi contre les Russes; *car dans l'état actuel des choses, avant dix ans toute l'Europe peut être cosaque ou toute en république...* »

Sainte-Hélène, 18 avril 1816.

« Je voulais préparer la *fusion des grands intérêts*

européens, ainsi que j'avais opéré celle des partis au milieu de nous. J'ambitionnais d'arbitrer un jour la grande cause des peuples et des rois ; il me fallait donc me créer des titres auprès des rois, me rendre populaire au milieu d'eux. Il est vrai que ça ne pouvait être sans perdre auprès des peuples ; je le sentais bien, mais j'étais tout-puissant et peu timide ; je m'inquiétais peu des murmures passagers des peuples, bien sûr que le résultat devait me les ramener infailliblement. »

Sainte-Hélène, 28 avril 1816.

« Et après tout à quoi bon ? — Je réponds : à fonder une nouvelle société et à éviter de grands malheurs. L'Europe attend, sollicite ce bienfait ; le vieux système est à bout et le nouveau n'est point assis et ne le sera pas sans de longues et furieuses convulsions encore. »

Sainte-Hélène, 6 novembre 1816.

« J'allais me donner uniquement à l'administration de la France, et je crois que j'eusse enfanté des prodiges. Je n'eusse rien perdu du côté de la gloire, mais beaucoup gagné du côté des jouissances ; j'eusse fait la CONQUÊTE MORALE de l'Europe, comme j'ai été sur le point de l'accomplir par les armes. De quel lustre on m'a privé !

. . . .

« Une de mes plus grandes pensées avait été l'agglomération, la concentration des mêmes peuples géographiques qu'ont dissous, morcelés, les révolutions et la politique. Ainsi l'on compte en Europe, bien qu'épars, plus de trente millions de Français, quinze millions d'Espagnols, quinze millions d'Italiens, trente millions d'Allemands; j'eusse voulu faire de chacun de ces peuples un seul et même corps de nation. C'est avec un tel cortége qu'il eût été beau de s'avancer dans la postérité et la bénédiction des siècles. Je me sentais digne de cette gloire!

» Après cette simplification sommaire, il eût été plus possible de se livrer à la chimère du beau idéal de la civilisation : c'est dans cet état de choses qu'on eût trouvé plus de chances d'amener partout l'unité des codes, celle des principes, des opinions, des senti-ments, des vues et des intérêts. Alors peut-être, à la faveur des lumières universellement répandues, deve-nait-il permis de rêver, pour la *grande famille euro-péenne*, *l'application du congrès américain, ou celle des* AMPHICTYONS de la Grèce; et quelle perspective alors de force, de grandeur, de jouissances, de prospérité! Quel grand et magnifique spectacle! »

Sainte-Hélène, 11 novembre 1816.

« Quoi qu'il en soit, cette agglomération arrivera tôt ou tard par la force des choses; l'impulsion est donnée, et je ne pense pas qu'après ma chute et la disparition de mon système *il y ait en Europe d'autre grand équi-libre possible que l'agglomération et la* CONFÉDÉRATION DES GRANDS PEUPLES. *Le premier souverain qui, au milieu de la première grande mêlée, embrassera de bonne foi la* CAUSE DES PEUPLES, *se trouvera à la tête de toute l'Europe et pourra tenter tout ce qu'il voudra.* »

Sainte-Hélène, 11 novembre 1816.

« J'ai entendu maintes fois Napoléon, et en diverses

circonstances, répéter qu'il eût voulu un Institut européen, des prix européens pour animer, diriger et coordonner toutes les associations savantes en Europe.
J'eus voulu pour toute l'Europe l'uniformité des monnaies, des poids, des mesures, l'uniformité de législation. Pourquoi mon code Napoléon n'eût-il pas servi
de base à un code européen et mon université impériale à une université européenne? *De la sorte, nous
n'eussions réellement composé en Europe qu'une seule
et même famille.* Chacun en voyageant n'eût pas cessé
de se trouver chez lui. »

Sainte-Hélène, 14 novembre 1816.

« Depuis que nous avons été appelé, il y a quinze
ans, par le vœu de la France au gouvernement de l'É-
tat, nous avons cherché à perfectionner à diverses épo-
ques les formes constitutionnelles, suivant les besoins
et les désirs de la nation, et en profitant des leçons de
l'expérience. Les constitutions de l'Empire se sont
ainsi formées d'une série d'actes qui ont été revêtus
de l'assentiment du peuple; *nous avions alors pour
but d'organiser un* GRAND SYSTÈME FÉDÉRATIF EURO-
PÉEN *que nous avions accepté comme conforme à l'esprit du siècle et favorable aux progrès de la civilisation.* Pour parvenir à le compléter et à lui donner
toute la stabilité dont il était susceptible, nous avions
ajourné l'établissement de plusieurs institutions intérieures plus spécialement destinées à protéger la liberté
des citoyens. »

22 avril 1815. *Préambule de l'*ACTE ADDITIONNEL.

En 1800, le Premier Consul écrivait au roi d'Angle-

terre : « La guerre qui, depuis huit ans, ravage les
» quatre parties du monde, doit-elle être éternelle? N'y
» a-t-il donc aucun moyen de s'entendre? Comment les
» deux nations les plus éclairées de l'Europe, puis-
» santes et fortes plus que ne l'exigent leur sûreté et
» leur indépendance, peuvent-elles sacrifier à des idées
» de vaine grandeur le bien du commerce, la prospé-
» rité intérieure, le bonheur des familles? Comment
» ne sentent-elles pas que la paix est le premier des
» besoins comme la première des gloires ? »

En 1805, l'Empereur adresse au même souverain les
paroles suivantes : « Le monde est assez grand pour
» que nos deux nations puissent y vivre, et la raison
» a assez de puissance pour qu'on trouve les moyens
» de tout concilier, si de part et d'autre on en a la vo-
» lonté. »

PARIS. — Imp. SERRIÈRE et Cⁱᵉ, rue Mouffetard, 123.

www.ingramcontent.com/pod-product-compliance
Ingram Content Group UK Ltd.
Pitfield, Milton Keynes, MK11 3LW, UK
UKHW021349100726
13657UKWH00006B/1637